JN440163

작은 위로

그루시선 110

작은 위로

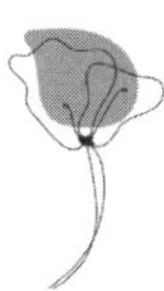

권미자 시집

그루

| 시인의 말 |

변죽만 울리다 가는 인생길,
만나고 부딪히는 모든 것들에
의미를 주고 싶은 마음이어라.
봄날의 꽃향기처럼 스며들고 싶어라
그것이 비록 순간일지라도…

2024. 04.

권미자

차례

제2부 공깃돌 하나의 무게로

제3부 작은 위로

제4부 도다리쑥국 먹던 날

해설

제1부 목련나무를 안아보다

목련나무를 안아보다

세 살배기 꼬마들 왁자하니
마당에 뛰놀다 간 듯
하얀 발자국만 남겨 두고
목련은 갔다
마지막 꽃샘바람 불 때

눈썹마당 한 귀퉁이
매화 모란도 한바탕 어우러져서
아침 햇살에 이파리들 반짝거린다
장난기 생생하다

가는 봄 아쉬워
살며시, 목련나무를 안아본다
아아! 어느새
그 아이들 잎새 되어
초록 손 내밀고 있다.

새의 부리에는 꽃 피우는 힘이 있다

버스 정류장이 온통 벚꽃장이다
박새 몇 마리 꽃향기에 끌려
떠날 줄 모른다

꽃 우물 속에 몸을 담그고
흐드러진 꽃잎 속 꽃술과 입 맞추며
함초롬히 젖어도 보는 새
하늘을 나는 것도 잊어버렸다

부리 닦은 흔적마다
옮겨 앉은 자리마다 펴난 꽃
새의 부리에는 꽃 피우는 힘이 있다

실바람에도 화르륵,
떨어지는 꽃잎들 춘설로 내려 향기롭다
새들의 지저귐이 높이 차오르자
봄 허공은 무너져 내리고

꽃들의 화엄 세상,
환하게 열린다

봄날

제라늄 꽃분 40° 각도에서 본 하늘이
시무룩하다

물오른 벚나무 옆구리에 기대어
생각에 잠긴
빨간 자전거

빈 벤치에 앉았다 가는
꽃샘바람의 분홍 옷자락

빌딩숲에 묻혀
'신앙의 해' 현수막만
빼꼼히 보인다

십자가를 진 예수
홀로
성당의 봄을 지킨다

심지 돋다

젖은 낙엽 속 알도토리들 옴찔거린다
옹벽의 덩굴손도 느슨해진다
모두 봄비가 한 일이다

회색 안개 서성이는 숲속에 서 있으면
나무들 산기 어린 비릿한 젖냄새로
연둣빛 순들 태동이 시작된다

아침을 쪼아대는 까치 소리로
나무들 점점 뜨거워져
곧 산수유 꽃망울 터지겠다

거무튀튀한 곰솔조차 파랗게
새 움 틔우면
숲은 더욱 들썩이리

내 몸 깊은 곳에도 싹 하나 트려는지
온몸이 소물거린다
햇봄, 심지 하나 돋는다

새들이 봄 스위치를 누를 때

새소리 찰랑찰랑
하늘에 봄물결 퍼 나른다

수줍은 비 잠시 다녀간 사이
매화순 쌀눈만큼 부풀어
마당이 먼저 설렌다

마당은 사철 열려있기도 하지만
겨울 삭막함 속에 갇히기도 한다

이웃 감나무 가지에 매달려
부리 방아 한창인 새들
톡톡 쳐 보는 수다로 새싹 점검 중

그러다 한 번씩
될썽부른 묵은 싹도 꾸욱,
봄 스위치인가 싶어 길게 한 번 눌러본다

잠시 새소리 조용해질 때,
우리 마당이 물끄러미 바라볼 때이다

엄마는

흰 수국으로 핀
어리보기 딸에게
툭, 던지시는 말씀

차 조심하고
따숩게 지내고
니 맘이 편해야
세상이 다 좋은 법이여,

아흔이 훌쩍, 넘었어도
엄마란
항상 그렇다

경자

그 아이는 꽃이 되었다
아주 오래전에,

잿빛 냇물 흐르던 광산마을 모래펄은
은빛으로 눈이 부셨다

강구벌레가 지은 오목한 모래 빼꾸기 집
파 내려가면 빼꾸기가 빼꾹, 하며 나올 것 같아
쪼그리고 앉아 한참을 놀았다

엄마는 안 오고,
등에 업힌 어린것이 자꾸 보챘다
후딱, 일어서는데 아기 허리가 뒤로 젖혀져
넘어질 뻔하였다
'이눔의 지지배'

밤부터 아기는 신열이 끓고 아팠다
아기가 뒷산에 동그마니 묻힐 때까지
그 일은 비밀이었다

봄날, 몰래 가 본 무덤에 생겨난 보라 제비꽃
아기는 가냘퍼서 제비꽃이 되었나보다

자꾸만 납작해지는 기억을 꺼내 들고
엄마를 찾아갔던 날
'아기 수명은 거기까진 게야, 니 탓이 아녀'
엄마는, 밤바다처럼 말했다

외로울 때면, 마음 저편에 웅크려 앉은
작은 아이가 보인다

비밀은 사라졌지만,
지금도 안 잊히는 일이다

길

큰아이 중학교 입학식 날
선생님은 윗도리를 벗은 뒤
단추를 어긋나게 끼웠다
그리고, 조용히 고쳐 입었다

여러분, 제가 보여준 것처럼
첫 단추를 잘 끼워야 합니다

이후에 걸었던 여러 풍경의 길은
가파르고 비틀어지거나 나태해져서
늘 새로운 선택이 필요했다

첫 단추 이야기,
첫눈 위 맨 처음 발자국처럼 선명해
걸어오는 길 나침반 되었다

단춧구멍 닮은 작은 눈, 언제나 웃고
온몸에 위트가 넘치던 그분의 말씀이
이미 오래전,

내 속으로 들어와
단단한 길 만들어 두었다

후회

옥상 허공을
휘—휘 내젓는
나팔꽃 덩굴손

덥썩, 잡아
당겨 올리다
미처 손잡아주지 못한
사람들

생각이 났다.

비비추

비비추, 비비추 노래하듯
가녀린 꽃대 쑤욱쑥
허공으로 쏘아 올린 보랏빛 향
싱그러웠는데

타는 햇살,
더는 못 견뎌
노오랗게 시들어간다

지독한 사랑은 죽음이라며
입추날 아침, 비비추
꽃밭에다 유서 쓰고 있다

참나리꽃

소나기 한바탕 지나가며
참나리꽃 얼굴에 깜장깨를 뿌렸다
주근깨가 안 핀 건
진짜 나리꽃이 아니라고,

꽃술은 하늘 향해 입술 내밀고
잎겨드랑이에 장전된 씨앗
참 유전자 새기며 까맣게 익어
집 떠나갈 때만 기다린다

스치기만 하여도 덥석,
찍어주는 꽃가루 도장
쉽게 잊히지 않겠다는 으름장이다

지금, 꽃이파리들 모두 떠나고
암술 홀로 남아
뙤약볕 지킨다

망백의 어머니,

날이 갈수록 지난날이 생생하시다
홀씨로 날려 보낸 인연의 끈, 아직 놓지 못해
얼굴에 점점이 저승꽃 피우신다

지는 꽃잎조차
내 어머니 닮은,
진짜 참나리꽃

매발톱꽃

공중을 움켜쥐고 비상하려던 새는
순간의 찬사에 홀려
꽃으로 남았다

물 주면 도리질하는 잎새 틈에
수굿하게 피어있지만
눈맞춤 할 때마다 파들파들
전해주는 말 있다.

창공을 날고 싶은
사냥의 본능,
숨기지 못하겠노라

4월의 그 집

영산홍 라일락 골담초 이름도 모르는 꽃나무들
자우룩이 집을 감싸고
그 집 위로 떠도는 보랏빛 향기
집은 계절을 먹고 산다

고양이 한 마리 살금살금 고요를 물고 와
꽃잎에 내려놓고 하늘 잠시 바라본다

빨랫줄 가득 널린 양말들
땀냄새 씻은 발들이
측백나무에 걸려 있다

근심 없는 나무들이 잎새마다 햇빛 들여앉힌다
데이지 팬지 옥잠화 정신없이 피어나
집만 지키던 낡은 담장 알록달록 웃고 있다

해질녘 골목을 지나 뒤돌아보니
그 집,
꽃구름 속에 떠 있다.

생인손

무명지에 손톱반달 선명하다
사춘기 시절
열 손가락에 꽃물 들였다
찧은 꽃잎에 백반 넣고 잎으로 싸매어
한 밤 자고나니
바알갛게 꽃물 들었다

무명지 하나가 통통 부었다
몇 날 며칠 앓다가
겨우 잠들었던 밤,
생인손 손톱의 고름이 강물 속으로
시원하게 빠져나가는 꿈을 꾸었다

단잠을 자고 난 아침,
할배의 서늘한 눈빛이
내 얼굴을 쓰다듬는다
'개안나, 인자 안 아프제?'

손톱이 빠지고 새로 차오르는 동안

작은 손톱 속에도 달이 산다는 걸
그때 처음 알았다

지금은 멀쩡해진 무명지 손톱
반쪽, 그 안 보이는 손톱달 그늘 속에
고름 빨아내 주던 극진한 할배가
여전히 살아 계신다

첫눈 내리는 날엔

사르륵사르륵, 첫눈이 내리면
아득히 잊혀진 이름 하나 떠오른다

푸른 바다와 붉은 단풍 노래하며
가만히 어깨를 기대었던 사람

만날 때에 헤어짐을 예견 못하고
삶의 어긋난 간극도 눈치 채지 못했다

첫눈이 내리면 만나자던 약속도
그리움으로만 남겨두었다

나풀거리며 내리는 눈송이들은
그로부터 날아온 해묵은 안부,
시린 허공의 눈발이
그때의 설렘과 기다림을 불러온다

안개 바다 지키는 등댓불처럼
그 이름 아직 서설 속에 깜박인다

첫눈 내리는 날은
어디에도 없는 그를 만나러
꼭 한 번씩, 거리를 나선다.

가을밤, 귀뚜리 소리에

귀뚜라미 울음이
가을밤을 접었다 폈다 한다

슬쩍 다가가면 어느새,
부챗살 접듯 소리를 접어버린다

뚝, 끊어진 울음 사이로 허공도 주춤,
분홍의 유년이 밤 기차 불빛처럼 달려오고
불쑥, 편지만 주고 가버린
한 소년의 밤이 떠오른다

사람 마음 헤아릴 줄 모르던 때
얼굴 한 번 본 적 없다며
백지로 무시하고 찢어버렸던 편지

상처 준 마음 한 조각 남아 있었던지
이 밤,
반쯤 접혀 걸린 달이 자꾸
그 하얀 편지만 같다.

제2부 공깃돌 하나의 무게로

공깃돌 하나의 무게로

여자들의 수다로
오후 한나절이 흐트러진다
자식 자랑 아픈 걱정에
제 팔 흔들고 사는 이야기
한바탕 풀어낸다

이마에 현기증 돋아날 때쯤
식탁 모서리에,
티슈들 하얀 가슴팍을 꾸욱
누르고 있는 공깃돌 하나

헐거워져서 삐걱대는 언사들
가만히 듣고 있다

문득, 어머니가 깻잎 콩잎 삭힐 때
위에 얹어두던 누름돌 생각난다
생것들의 펄펄함을 순하게 만들어주던 힘

그 자리에 그대로 머물렀을 뿐인데

돌은,
어떤 의미가 되었다

오늘, 잠시 헝클어졌던 내 마음도
작은 공깃돌 하나의 무게로
지그시 눌러두고 싶다

'조이 아줌마'를 보던 날

TV 속 모녀가 부둥켜안고 울었다
둘만의 모국어로
깊이깊이 울었다

늙은 남편은 병들고
가장 노릇에 간병인 알바까지 하는
고단한 조이 아줌마

꽉 찬 하루가 무거워도
이름이 조이라서 울 수도 없었다

베트남에서 대학을 나왔어도
한국에선 최저의 생활

남편에게 한쪽 간을 꿈 대신 심어주고
세 아이를 지키는
야무진 조이 아줌마

모처럼 친정엄마 만나서

울다가 웃다가 했다

말없이 보고 계시던 시어머님
한 해 동안 의식 없이 앓다가
먼저 가버린 딸 생각나는지
눈자위가 불그레해지셨다.

인연

겨울 끄트머리
맑은 햇살이 창밖에 논다
난초잎에 연둣빛 봄물 들었다
다소곳이 솟아난 꽃망울이 어여쁘다

30년 직장생활 축하로 내 집에 온 후
한식구로 살아간다
꽃 피면 흐뭇하고
꽃 지면 서운해져
그 꽃 다 지도록 마음이 그 자리에 머문다

너만의 향기와 자태를
설렘으로 기다리는 지금
해돌아 돌아 내게로 찾아온
일향금 난초분 속
인연의 꽃이여

오그락지*

잘 마른 곤지에서
휘파람 소리 들린다

햇살건조기에
축축한 욕심 다 날려 보내고
고들고들,
육탈된 몸의 하얀 뼈만 남았다

바람과 햇볕 겨우내 스며들어
깊은 맛 나는 그때,
오그락지 잘 담그시던
어머니 생각.

*무말랭이로 만든 반찬

수레국화 옆에서

청보라 깨끼옷
명지바람에도 날아갈 것 같은
가녀린 허리 곧추세우고
누구를 기다리듯 조요히 서 있다

말간 얼굴 들여다보니
화살촉 꽃차례들 수레바퀴 닮았다
꽃 진 자리에 마른 꼬타리들 해끗해끗,
하얀 별꽃 세상 펼쳐놨다
여린 수레국화,
시간의 바퀴를 거꾸로 돌려
두 번째 삶 거뜬하게 살아간다

지구 저편, 시리아 난민 산마을에도
보랏빛 꽃들 지천으로 피었다
살며 사랑하기에도 지친 사람들
행복이란 말에 눈빛 반짝인다

가난한 가슴속에도 평화란 단 한마디,

꿈으로 새겨져 있어
다시 올 푸른 날 그리며
생명의 수레 쉼없이 굴린다

문턱은 삶의 경계다

방문 열고 나오다 엎어질 뻔한 날
질깃한 문턱 마디
발바닥에 밟힌다

밟지 말고 다녀라, 그게 집의 숨줄이니라
어머님의 서늘한 말씀
아직 남아 있다

생사의 가시밭길 헤매봤거나
사랑과 미움 지독히 앓아봤거나
견디기 힘든 순간들, 이곳에 모여 머뭇거린다

밥 먹고 사는 일이나
한 계절 잘 넘기고픈 소소한 일들도
이곳에서 늘 바글거린다

한 번 오지게 엎어져 본 사람만이
안 보이는 턱의 높이를
인정한다

뒤끝

나긋나긋한 고무줄 당기다 놓쳤더니
찰싹, 손등을 쳤다

무뎌진 칼에게 통통거렸더니
뛰어내린 칼날이 발등 찍었다

어포, 생선 다듬는데
날 선 가시가 손끝 찔렀다

무서운 것들,
적대시한 적 없는데
이렇게 반항하다니

존재하는 모든 것들은
뒤끝이 있는 것 같다

겸손의 향

초록 깻잎들
저녁 어스름이면, 조붓이
잎새 모은다

밤이슬 안으로 모아
자기만의 향 익힌다

다소곳이 손 모은 깻잎들의 모습
간절하다

쨍한 햇볕과 바람과
밤의 긴 기도가 어우러져
아무에게도 매이지 않는 독특한 향 지닌다

겸손이 힘들다 노래하는 사람들
저물녘 깻잎밭에 머물러 보라

스스로 낮아질 줄 알아야 이뤄지는 것 있음을,
한 세계를 얻을 수 있음을

한낱 푸성귀인 깻잎들이
조용한 몸짓으로 보여주고 있다

꽃피는 코리안 드림

다낭행 비행기 안
5년 만에 친정 간다는 베트남 색시가 탔다
어눌한 경상도 사투리로
아즈매, 어디 가? 반말로 묻는다

베트남 새우 오징어 맛 자랑하며
엄지척 세운 손가락에 낀 반지가
그녀 눈빛만큼이나 반짝인다

창녕 양파 농장 고소득으로
주변의 땅도 사들이고
친인척들 함께 모여 재미나게 산단다

가정살이는 여자 하기 나름,
놀고 먹기만 하며 사는 건 죄짓는 일이라고
자본주의의 맛을 알아버린
앳된 이국 여자가 터득한 인생 사는 법

이제는 한국이 제2의 고향이에요

한국에 오길 참 잘했어요
정말, 행복해요

60년대 아메리칸 드림 시절 까맣게 잊고
헬조선이라 나라 격을 낮추며 사는 동안

아버지 같은 남편 곁에서
실팍한 미래를 가꾸는 여릿여릿한 베트남 여인
손가락에 낀 반지가
그녀 눈빛만큼이나 반짝인다

새대가리라꼬?

쌀집 앞 측백나무에
참새들 떼로 몰려있다
짹짹거리는 수다로
나무가 출렁거린다

쌀 포대가 옮겨지는 동안
발자국 소리에 숨죽인 새들 품고
나무가 고요하다

상하차 끝나자 하얗게 드러난 쌀알들
이팝나무 꽃잎 같다
허기진 참새들 한꺼번에 날아와
꽃잎 낟알 쪼아 먹는다

나락 가마니 셈도 잘 못하던 영차 아재는
동네에서 새대가리라고 불리었다
정작 본인은 별명도 모른 채 잘 살다 갔다

눈치껏 기다릴 줄 알고

무리 지어 동고동락하는 새들에게
누가 새대가리라 부르는가,

빨래집게

높바람 불던 날
널어 둔 빨래들 꽉 물고

촘촘히 배인 땀내
함부로 들끓던 생각들
모두 사라질 때까지

끝까지 놓지 않겠다는
집념의,
앙다문 입술

두류산

비 그친 후
산이 큰솥을 내걸었다
지금, 뭉글뭉글 한김 올리는 중이다
산속에 사는 뭇 생명들에게
큰솥 밥 지어
골고루 나눠 먹이려고
환하게 들썩인다

혼자라면 못할 일도

혼자라면 못할 일도
여럿이 되면 금방 해치운다

가로수 낙엽 길 위로
비둘기 떼들 기웃기웃
종종걸음 모여든다
사람 아랑곳 않고
흘린 먹이에만 정신을 판다

등굣길 교복 입은 학생들
우우 모이더니 무더기로 중앙선을 넘는다
가장 단거리라는 이유만일까
무단 횡단에 위험을 감수한다

빨간 신호등 건널목
할머니 등산객 대여섯 명
시커먼 색안경 끼고 당당히 지나간다
달려오던 차들이 더 놀라
일시에 멈춰 선다

다른 색깔의 군중 심리들 함께 모이면
언젠가,
세상 한 번 크게 들었다 놓겠다

빈집

담쟁이들 포복에,
집이 점령당했다
손질 안 된 정원수들 무장 군대처럼 삼엄하다
적막을 가두어 둔 시퍼런 감옥

생전의 남편을 사장님으로 부르던 여인
사장님 모시던 비서가 아내 되었나
그 집 불도그 한 마리 담장 위에 터억, 올라서서
내려다보며 으르렁거렸다
개에게도 세상이 아랫것들로 보였을까,

그녀의 혼미해진 정신도
요양원으로 이사 가 버리고
덩그러니 남은 집

대문도 걸어 잠근 담쟁이 그물
아무도 들어오지 말 것
빈집은 담쟁이 공화국이 되었다

고요의 완성
고독의 절정이다.

돌절구 옆 홑눈 뜬 매화가

강추위 지나간 새벽,
돌확의 물이 꽁꽁 얼었다
물의 가슴에도 옹이가 박혔다
부챗살처럼 갈라진 얼음의 힘줄이
물을 꽈악, 움켜쥐고 있다

미운 사내 품에 안겨
애써 외면하는
여인의 냉랭함으로 읽힌다

무심코 던진 말 한마디에
발길 말길 끊어버린
인연들 있다

사람 사이 미움과 갈등
백 년을 갈 듯 마음 문 닫고
제 속에 외로움 키우지만,
아직은 때가 아니라고
서로 벽을 치고 있지만,

대한 지난 햇살이 변죽을 울리면
물은 조금씩 앙금을 풀어낼 것이다

돌절구 옆 홑눈 뜬 매화,
가만히 지켜보고 있다

하늘 보는 즐거움을 빼앗겨버렸다

빨래 널러 올라간 옥상
저만치 수직 상승하는 신축 아파트들
그 아래엔 햇살도 동강나버리고
하늘조차 들쑥날쑥,
스카이라인을 바꾸고 있다

질주하는 아파트 난개발이
산과 강, 동네를 허무는 동안
혼자만의 탑 쌓는 사람들
믿을 건 오직 아파트뿐이라는 세상

바라만 봐도 위로가 되는,
하늘 보는 즐거움을
빼앗아 가버렸다

오늘도, 하늘 따먹기 한창인 도심
파아란 하늘이 자꾸,
조각나고 있다.

제3부 작은 위로

작은 위로

마늘 캐러 올라간 옥상 텃밭에
채송화 두어 포기 뿌리 뽑혀 드러누웠다
마늘밭 채송화는 천덕꾸러기,
가녀린 목숨 데려와
살피화단에 옮겨 심었다

한 번 시들었던 생이 다시 살아나기엔
또 다른 사랑의 손이 필요해지는 것
물 주고 기다려 본다

백세를 넘긴 이산 할매 치매 병상을
농사짓는 칠순 아들 내외가
오며 가며 지켜드렸다
지치고 힘들어 요양원에 모셔두었는데
밤사이 덜컥, 먼 길 떠나가시고
아무도 배웅하지 못했다

조의 문자가 도착한 아침,
꽃분홍 채송화 활짝 피었다

아무도 알아주지 않고, 대단할 것도 없지만

채송화, 너의 마지막 가는 길은
내가 지켜봐 주마

가족사진

빌라 옆 쓰레기장
커다란 액자 속 한 가족이
환하게 웃고 있다

아버지의 짙은 눈썹이 금세 꿈틀거릴 듯
엄마는 넉넉한 웃음 머금고
고른 이 내보이며 아들딸이
활짝 웃고 있다

조명등 아래
사진사의 주문에 따라 '치즈, 김치' 외치며
한마음 된 순간 있었겠지

가수 김진호는 아버지가 보고싶어
엄마와 찍은 사진 사이에
아버지 명함판 사진 붙여놓고
사무친 그리움 달랬다는데

누군가에겐 가족이란 울타리가

절실한 버팀목인데

무슨 사연 있어
한마음 되었던 그 순간 잊고
쓰레기로 내다 버렸을까,

가을비 쓸쓸한 날
우산 받쳐주는 이 없어
액자 홀로, 식구들의 눈물을
조용히 닦아주고 있다

통조림 에세이

꽃향기에 끌려 골목을 서성대는 건
자식들 공연한 걱정거리
성냥갑 같은 아파트에 둥지 튼 지 삼 년
네모진 통조림 속 삶이지만
비 오는 날은 둥그렇게 지짐도 부치고
따스한 마음, 자식들에게 둥글게 둥글게 전하고 산다

딸이 보내온 복숭아 통조림을 딸 때면
복사꽃이 동네 들썩이며 피던 때 떠오른다
맞선 남자와 데이트하던 날
수밀도 하나 들고 와 눈앞에 내놓았다.
뽀얗게, 관능미 넘치는
여인의 둔부 곡선이었다
부끄러워 얼굴 살짝 붉히는데

요거, 아기 엉덩이처럼 예쁘죠? 하나 먹어봐요

가슴에 얹혔던 거북함이 쑤욱, 내려가면서
그 재치에 무릎을 쳤다는,

통조림통에 그려진 복숭아만 보아도
그 사람 생각이 난다는,

그녀만이 읽어내는 짧은 에세이 한 편,
통조림통에 새겨져 있다.

시인의 손녀

여덟 살 손녀와
톡을 주고받는 마음,
나는 들에 핀 꽃의 얼굴과 웃음을 보내고
아이는 감탄과 놀라움의 부호로 짧게 답한다

어제는,
별빛 눈망울 반짝이며 물었다
'할머니는 시 짓는 회사에 다녀?'
눈앞에서 터지는 파란 섬광 한줄기

'아니, 시는 할머니 마음속에 있지'
'아하~'

안도하듯 고개 끄덕이는 아이를 보며
이제껏, 슴슴한 글
찍어내듯 쓰지는 않았을까
생각해 본다

아이가, 시 만드는 공장에 다니냐고 묻지 않아

다행이라고

나는 가만히 가슴을 쓸어내린다.

짭짤이 토마토

복이 아제네 토마토는
유난히 짭조름하다
잘난 놈은 공판장에 내다 팔고
남겨진 못난이들은 골고루 나눠 준다

눈빛 초롱하던 아내를 먼저 보내고
새끼들 키우느라
비닐하우스에서 흘린 땀방울이
토마토 뿌리로 모여 짭짤하게 간이 배었다

꼭지 새파란 토마토들이
반쪽 달빛에도 바알갛게 익어
출하되기만을 기다린 날들,
그렇게 살아왔다

자식들이 제 갈 길 찾아 떠나갔어도
젖줄이었던 토마토 농사 멈출 수 없었다
짭짤이 토마토를 먹을 때마다
어떤 사람의 일생이 녹아 있다는 생각에
한쪽 가슴이 찡해지는 것이었다.

명자나무

뾰족한 것들에게는
찌르고 싶은,
찔러야만 직성이 풀리는
본능이 숨어있다

슬몃슬몃 떨어져 내리던
명자나무 이파리들 추레해
가지치기를 한다

갈 때는 깨끗이 가야지,
혼자 중얼거리는데 기어이
가시 하나가 손톱 밑을 찌른다

꽃 필 때만 명자 생각하는
얄팍한 내 그리움이 서운한 듯
찔러서, 선홍빛 핏방울을 보고서야

눈 크고 빰 붉던 명자 생각에
무심했던 마음을
또 한 번 따끔하게 한다.

환한 그늘 아래 서면

햇살이 익혀온 가을,
비단 단풍이 뿜어내는 빛으로
숲 그늘이 환하다
바람이 불어와 우수수,
그리움을을 뿌려댄다

없는 당신을 기다리는 쓸쓸한 벤치도
머뭇거리며 계절을 건너가는 중이다

이마 푸르던 어느 날
니 얼굴에는 고운 색이 잘 어울리지
하얀 깃 꽃무늬 블라우스를
얼굴에 대어보며 흐뭇이 웃던 모습
한 점 그림으로 남아 있는데

가을이 올 때마다
상처로 흔들릴 때마다
가만히 기대어보는
유일한 위로의 배경

늦가을 마음 쉬어 가는 숲 그늘
느티나무 플라타너스 넓은 잎
화려한 단풍 아래 서면
못 올 당신의 안부를 묻게 된다

오늘은 나도, 누군가의
환한 그늘이 되고 싶다.

홍시

장대로 꼭지 살살 달래며 감을 따는데
비위 틀린 가지가 통째로 몸을 내준다
투둑, 땅에 고꾸라지는 홍시들
터진 내장 드러낸 채 기절해버린다

하늘 한 귀퉁이에서
뭉개진 감 내려다보는 건
보통의 일

투둑, 목숨줄 떨어졌다는 소식
외롭게 살았던 식이 엄마
병들어, 물러터진 홍시 되어
서둘러 떠났다

지금 가면 안 되는데
벌써 떠나면 안 되는데
다시 못 본다 생각하니
이건 보통의 일이 아니다

내 맘속 애간장 봉지가
투둑, 터진다.

꽃이 한 일

모자가 사는 집
종일 집 지키는 조약돌과 화분들
햇볕에 몸 말리고 있다

남편 생전에 다투던 소리
집을 들었다 놓더니
노을빛 얼굴로 돌아온 아들,
화분을 하나씩 팽개쳤다

꽃이면 다여?
꽃이 밥을 주나 옷을 입혀주나
맨날 이누무 꽃이나 들여다보고

뾰족한 지청구에도 말없이
화분 조각을 치우는 어머니
마른 몸피가 울화에 젖어 있었다

꽃은 해마다 피고 또 피어
뿌리에서 뽑어 올린 향기, 마당을 넘실대며

고요의 집을 장식했다

이 아침,
밀짚모자 눌러쓰고 분갈이하는 저 남자
꽃을 때리며 울부짖던 그 아들 맞나,
놀란 꽃들은 입 다물었고
삐딱해졌던 마당도 아직 생생한데

화단에 앉아 골똘히 생각에 잠기거나
하염없이 꽃을 들여다보던 뒷모습

그러던 어느 날,
꽃처럼 사는 법을 배웠으리
미움이라곤 키우지 않는 꽃들의 평화에
새파랗게 날 벼리던 원망 다 버리고
그는, 꽃에게 마음을 얹었으리

고구마 순

저 소리 없는 행진,
한때 비닐봉지 속 어둠에 갇혔던 기억으로
팔 휘두르며 전진하는 마디들의 눈
물에 뿌리가 스며들어 섬을 만들고
그 힘으로 한 뼘 두 뼘 키를 늘여간다

세 몸통에 돋은 빼곡한 초록 순의 숲
얼핏, 도담 삼봉 풍경이 보인다
하늘 아래 제일 높다는 설악산 봉정암
헐떡이며 기어오르던 깔딱고개
석 자 안팎 너비 요사채에서의 갈치잠 떠오른다
돌탑 무수한 백담사 맑은 계곡도 보인다

수반 속에 한 세상을 이루었다

새싹은 송곳이다

지난밤 내린 비에
릴레이 바통 받은 봄날
단풍나무 새순들
저요저요 연두 손 내민다

주머니 속 송곳 못 숨긴다
푸른 피 도는 새싹들
뻗쳐오르는 저 기운
아직은 보드라운 송곳이다

저 혼자 피고 지는 화분 속,
나지막이 일러줬던 한마디
'너 참 신통하구나'

따스한 그 말, 나무가 기억했던지
올해도 팔딱팔딱
푸른 피 돌린다

플록스 분홍 꽃

분홍 플록스꽃
소복소복 핀 모습 곱다
여러 해 피고 지는 끝없는 열정
꽃도, 만개하고픈 꿈 없이는 피지 못한다

지난밤, 할퀼 손톱도 없는 비바람에 시달려
부얼부얼하던 모습 대신
사랑받지 못한 어설픈 여인의 매무새다

이웃에 살던 민아 엄마
늘 술에 찌든 남편 피해
내 방으로 피신 왔다
취중에도 안팎은 가리는지 방문 앞에서
헛기침만 뿌리고 돌아갔다

비 맞은 새처럼 떨다 집에 갈 때
토닥이며 안아줬던 기억,
헝클어진 플록스꽃 한 아름 모아 여며주는데
떨며 안기던 그녀 모습 떠오른다

플록스 꽃향이 흠뻑,
그녀와 나를 적신다

하늘거리는 꽃잎이

라일락 꽃나무 옆 지나갈 때
볼에 꽃잎 살짝 닿았을 뿐인데
하늘거리는 꽃잎이
나지막하게 묻는다
나처럼, 누군가에게 흠씬 마음 줘 본 적 있냐고

바람 제멋대로 드나드는 돌담 사이로
자야, 부르던 젊은 어머니의 음성
고샅길에 남아있는 친구들 웃음소리
받기만 했던 따순 마음들, 품어주지도 못했는데
지나간 것들은 늘 뒤에서 빛나고 있다

속마음 흠뻑, 주는 것
어디 그리 쉬운 일인가
그렇게 살아야지 하며 추억을 자주 꺼내보는 동안
시간의 힘은 더 세어지고
마음은 점점 바위를 닮아간다

이제 막 피기 시작하는 꽃들이

아주 작고 나지막이 흔들어 깨우는 지금,
바람처럼 일어나 꽃을 다시 피우고
향기롭게 살고싶다.

봄밤

어두운 밤하늘에
뭇별들이 돋았다
바람의 숨결 따라
깜빡깜빡 반짝인다

사월, 수수꽃다리 향기는
골목을 흠뻑 적시는데
그리운 얼굴 문득 떠올라
잠시, 걸음을 멈춘다.

5월은

초록 물결의 커튼
살며시 걷어 올린
풋여름의 얼굴

열린 계절의 문고리에
햇살이 앉아 논다

내사 참,
빈 마음 하얀 손뿐인걸

손바닥을 흐르는 강줄기마다
사공의 뱃노래가
구성지게 들리는 아침

5월은,
앵화 가지마다 꽃으로 펴나는
풋여름의 얼굴이다

봄동은 지금

친척집 움막에서
가을무와 파랑파랑한 배추
몇 포기 얻어 왔다
텃밭에서 잘 자란 싱싱함에
흙냄새가 푸르다

싹 틔워 빗소리 새기며
배추흰나비 날갯짓에
바깥 세상 꿈꾸었으리
노오란 속,
씹을수록 달큰 고소하다

맵짠 생 살아낸 당찬 사람처럼
딱 벌어진 어깨
그 무엇도 감출 것 없다는 듯
활짝 열어젖힌 가슴

황금빛 당당한
봄동 한 포기,

어디를 보나 활짝, 웃는 모습
내 마음도 환하게 웃는다.

우산 꿈

우산 쓰고 먼 길 간다
돌아올 때면 우산은 가끔 사라지고
다른 이의 망가진 우산 쓴 채
흠뻑 젖어 돌아온다

그까짓 것 잃어버렸다고
애끓일 일은 아니지만
꿈속에서만은 진흙 뻘이다

눈떠 보면 아무 일 없어
곁에 머문 사람 가만히 만져본다

사랑이란 말보다, 더 깊이 내려가야
만나는 사람

그런 사람 내 곁에 늘 있었음을
우산 꿈 꾸고 깨닫는다.

제4부 도다리쑥국 먹던 날

도다리쑥국 먹던 날

봄날, 도다리쑥국을 먹었다

뽀얀 국물 속에 보드레한 애쑥이 한가득이다
도톰 쫄깃한 도다리 살 떠먹으며
맛있네 시원하네 말 섞는다

바다에서만 놀던 도다리와
산기슭 어디쯤 살던 쑥이 만나
서로 살리는 맛을 내기도 한다

한 대접 도다리쑥국만도 못한 세상
산이 자꾸 불지른다

주름살

저문 들녘 바라볼 때
풍경으로 앉은 밭고랑이다

최정산 산책로 지키고 선
베어진 상수리나무 나이테다

사람마다 달리 살아온 흔적,
자기만의 곡진한 생의 지도가
누구에게나 있다.

흔적사

불두 닮았던 머리숱 성글어진다
검던 눈썹 점점 엷어진다
그리움 담아 먼 곳을 바라보기도 하고
사랑한 것들 눈부처로 담기도 했던,
맑고 예뻐 총명하다던 눈빛도
안개로 풀리고 있다

천년 전 흔적 남기고 간 어느 왕족이 있어
은적사란 절 후세에 남겼는데
내 살아온 무량한 흔적, 어디쯤 남아 있을까

숲속 도량 찾아가며 외던 반야심경 몇 구절
차랑차랑 산 울리던 천수경 독경 소리
마음 문 활짝 열어두었던 날들

옷깃 여미고 한참 찾아보니
작아서, 겨우 보이는 절집 한 칸
내 안에 들어있다
그 이름 흔적사,

그 흔적사 언제든 저문 하늘 끝
노을지는 그날이 오면
흔적조차 남지 않으리.

마음의 눈

목걸이를 채운다
잘 안될 때는 눈을 감고 채운다
손끝에도 눈이 있다
마음으로 보는 눈,

지하철 역사에서 본 수어 글씨
일부러 눈 감고 만져봤던 그때
오톨도톨 상형문자 같던,
먼 나라의 낙서 같았던

눈 귀 안 보이고 안 들려도
손끝으로 세상 읽는다
마음으로 먼저 느끼며 산다

맹인이 치는 피아노 선율에는
신비한 영혼의 세계가 있다
보이는 것 제대로 알지 못한 채 사는 사람들보다
안 보이는 것 볼 줄 아는 사람들 세상이
더 아름답다

누구에게나 있는 마음의 눈,

일부러 꺼내 쓰지 않으면 그 빛을 잃는다

'솔향'이란 이름

산 위로 오를수록 힘껏 키를 세운 나무들 빽빽하다
잉여 자본처럼 쌓인 낙엽 사이로
수천 개의 바늘잎 햇살에 반짝인다
늘푸른나무로 사철을 견디는 게 고단할 법도 한데
붉은 몸피의 적송들 끊임없이 향 실어 보낸다

산에 자주 오르다 보면
나무의 마음이 보인다
가지 하나라도 동쪽으로 굽히고 서쪽으로도 눕혀
멋들어지게 자랐음도 읽어낸다

그런 나무 옆에 서서 숨 크게 들이쉬면
가슴속에 소나무 향 들어차 파란 핏줄이 돋는다
점점 피 속에 스며들어 내 몸은 맑은 향이 된다

'솔향'이란 이름,
그냥 지어진 게 아니다

사람꽃

—김형석 옹을 향한

김장 김치 한창 맛 들었다
푹 익어서 사람의 입맛을 돋우는
맛 중의 맛,
잘 익은 김치는 식탁의 꽃이다

백 세 넘어서도
꽃비 같은 이야기로 SNS 바다를 적신다
마음이 가을 하늘빛이거나
지혜의 우물 가슴속에 지녔거나,
조용한 가르침이 스며든다

잘 익은 삶은 인생의 꽃이다

빛이 어둠에 자리를 내어주듯
언젠가 멀리 떠나시겠지만
그분은 지금,
사람꽃으로 만개 중이시다

어른이 유치원

동사무소 앞 벤치에
줄지어 앉은
개나리꽃 몇 더미

자세히 보니
공공 근로 나오신 할아버지 할머니들
조신하게 모여 앉아
푸른 아침 기다린다

한때는 어른이었다가
이제 막 노오란 햇병아리로 부화하는 중
어른과 어린이의 중간쯤인
어른이들

서울에는, 노오란 책가방에 노랑 모자, 옷 입고
삶이 온통 황금빛일 것 같은
귀족 유치원이 있다

지금, 동사무소 벤치의 어르신 병아리들

나이와 생활수준이 금빛 유치원 커트라인에 딱 맞다

아침 햇살이 참,
눈부시다

미완의 날들

나의 시간은,
목련나무 가지 사이로 달아나
천 년쯤의 바람이 되었다

나의 욕망은,
철썩이며 달려와 제방 둑만 만지다 간
파도가 되었다

사과빛 볼을 하고 싱그럽게 웃던
푸른 시절은,
어디로 갔을까

세상, 크게 한 바퀴쯤 돌며 살아왔지만
삶이라는 선물로
나는 무엇을 받아두었던가.

윤이월 묘원에는

백 년도 넘은 할아버님 산소를
백합공원으로 이장하였다
볕바른 잔디밭에는 양지꽃 냉이꽃 벌꽃들
고요 속에 붐빈다

망자에 대한 애도의 마음보다
곱게 핀 꽃들에 눈길이 더 간다
분명, 목덜미 서늘해지는 무덤일진대
봉분마다 펴난 샛노란 솜방망이꽃들
눈까풀 사르르 감기고 따스한 맘 일어난다

흔들리는 조화들 사이
쓸쓸한 바람 머무는 이곳은
잊힌 세상의 한 귀퉁이

윤이월 묘원은 지금,
풀꽃이불 서리서리 펼쳐둔 채
노오란 삶들로 눈이 부시다.

비 오는 날

사나흘 비 내리는 동안
다용도실 벽 한 귀퉁이
흥건하게 젖어 있다
아예, 빗물이 마음 놓고 샌다
무시당한 오랜 집
그저 바라보고만 있다

육신은 하나씩 허술해져
무시로 아프다는 말, 제 발로 걸어 나온다
몸 따라 마음마저 새 나간다

차단한 빗소리 들으며 느껴보는 삶의 느긋함
새 나가고 남은 마음만
양동이에 받아둔다.

밥꽃

밥솥 뚜껑을 연다
만개한 밥꽃들의 함성
이제 다 이루었다는 기쁨

황금벌판에 서면
내 것인 듯 흐뭇한 마음
소유하지 않아도 충만한 풍경은
신이 완성해 낸 그림

성공한 사람들에겐
편안함 너머 환희로운 무엇이
아우라로 빛나고 있는데

내 생의 불씨 지펴 더 이뤄 낼
그 무엇이 아직 남아있을까,

내 삶의 밥솥에도
만개한 밥꽃들의 함성 가득할 날
기대해 본다.

흑백알락나비가 죽었다

대문 옆 그늘에
날개 접은 나비 한 마리 앉아 있다
지쳐서 잠시 쉬는 걸까
한참을 지켜봐도 움직임이 없다

고이 집어서 햇볕 자락에 옮겨 놓았더니
달싹거리며 차악, 소리가 나도록
날개를 펼친다

날아가려나 싶었는데
어느새 숨을 거두었다

마지막 촛불이 더 밝게 타오르듯,
임종 직전의 환자가 생생해지는 한순간처럼,
화사하게 펼쳤던 날개는
차라리 죽음의 신호였나보다

내 집 찾아와 마지막 숨 고르기 하던,
끝내 날지 못했던,

흑백알락나비의 주검은 아름다웠다

떠날 때는 모두 그렇게 가는 거라고,

노오란 죽음

폐기된 은행 지폐가
지천으로 널려 있다
아무도 주워 가지 않는다

무더기로 쌓인 가을 더미를
바람이 쓸어내고 있다

마대 자루 속에서 내다보는
오그라든 마음들
쓰레기로 처분될 목숨

빈 상자나 찌그러진 맥주 깡통은
다시 살아날 기회나 있지
구둣발에 짓밟혀도
신음 소리 한 번 못 내지른다

버려지는 주검들로
오후의 가로수 길, 스산하다

혼자 살던 이웃 무연고 노인
119 노오란 자루에 담겨
그 길을 지나갔다.

알지 못할 슬픔

양떼구름 몰려가는 서녘 하늘, 불그레하다
저 너머엔, 착한 영혼들이 살고 있겠다

소쿠리에 널어 둔 대추들
노을빛 받아 바알갛게 익어간다
주변을 신혼 비행하는 벌 한 쌍

두 팔 벌리고 널렸던 빨래를 걷으며
제멋대로 자란 유홍초 덩굴을 본다
새빨간 꽃나팔 속에서 작은 외침이 들려온다

모든 것들이 잘 익어가고 있는데,
하늘은 가끔 뜻대로 되지 않는 일 있어 한 번씩
얼굴 벌겋게 용을 써 보는 걸까,

철들 무렵, 여주에서 객지 생활 할 때
자주 올랐던 산자락
천지를 물들였던 노을빛에 반해
울었던 적 있다

흠뻑, 익은 것들에는 이유 없이 가슴 뭉클해진다
붉게 물든 것들이 주는 알지 못할 슬픔은
어디에서 오는 걸까,

한낮의 숲속

꾸미지 않아도 예쁜 건 초록 잎새들
작은 얼굴 햇살 받아 반짝일 때
푸른 잎맥 한 땀씩 길어올린 수액
나무를 키운다

잎새 트는 소리 눈치 챈 새들
자기들만의 언어로 봄을 노래한다
박새 어치 곤줄박이 찌르레기,
숲에는 신록의 기쁨만 푸르고 푸르다

고요 속 까치 한 마리 날개 휘저어
낙엽 속 숨었던 지네, 한 방에 낚아챈다
사색이 된 지네 꿈틀대 보지만
순간에 사라진다

생존에는 머뭇거림이 필요없다
숲의 민낯이다

아무 일 없다는 듯 초록이 속살대는 숲

굽은 소나무도 못 본 척 점잖다
직박구리 한 마리 종일 노래할 뿐.

새를 부러워하던 사람은 가고

나목 아래 세워 둔 차 유리창에
푸짐한 새똥 세례,
화를 잠시 가둬두고
고놈, 참 속은 시원했겠다 중얼거려 본다

파킨슨병 깊어진 팔촌 언니
침대에 손발 꼭 묶인 채
배설조차 남의 손 빌려야 했던 고통,
창밖만 물끄러미 바라보다
하늘을 나는 새가 부럽다 했다

지옥이었을 나날들
훨훨, 비상하는 날개의 가벼움에 대해
그 자유에 대해
많이도 부러워했겠다

살아있음이 행복이란 걸 터득했을 즈음 떠나갔으니
새의 홀가분함보다 더 평화로울 천국에서
새보다 자유로워졌으려나.

해설 시들었던 생을 다시 살리는 살피마당의 시詩

| 해설 |

시들었던 생을 다시 살리는 살피마당의 시詩

이해리(시인)

한 시인의 작품을 감상하고 가치 평가를 내리는 일이 쉬운 일은 아니다. 하여 많은 문학비평가들은 오류를 줄이고 적절한 비평을 하기 위해 역사전기적 비평, 형식주의 비평, 정신분석학적 비평, 신화원형 비평 등 여러 방법론을 제시한다. 그중 전기적 비평은 생애에 관한 자료를 수집·정리·분류하여 텍스트의 불확정 요소를 해명하는 방법이라 선호하는 이가 많다 한다. 하여 권미자 시인의 시집에 해설을 쓰기로 하면서 작품 읽기에 있어서도 먼저 작가의 전기적 생애에 대한 관심으로 접근해 둘러보고자 한다.

권미자 시인은 인연을 중히 여기는 사람이다. 사람 만나 인정 나누기를 좋아하고 한 번 맺은 인연은 웬만해선

끊는 일이 없이 이어가는, 따뜻한 심성을 가진 사람이다.

그녀와 인연이 된 것은 대학에 문예창작학과가 없던 시절, 사설 시 창작 모임인 '대구문학아카데미'에서 시문을 교류하면서였다. 그러나 어느 시기부터 서로 연락 없이 지내다가 '더 늦기 전에 어떤 매듭을 지어야겠다'며 내가 속해 있는 문학 동아리에 합류해, 함께 시와 인문학 토론을 하면서 새롭게 이어진 인연이다. 숙명여대에서 국문학을 전공한 문학도로서, 재학 중에는 김남조, 허영자 시인들이 교수님으로 계셔, 좋은 문학 수업을 들을 수 있었고, 새내기 첫 수업 날 써낸 수필을, 허영자 교수가 호평해 준 일을 계기로 글쓰기에 애정을 갖게 되었다고 한다.

그러나, 졸업 후 경기도 여주에서 일 년간의 교사 생활을 끝으로 결혼을 하게 되어 대구 대명동 앞산 자락에 와 오십여 년을 살게 되었다. 살피마당이 있는 이 집에서 꽃을 가꾸고 남편의 가게를 돕고, 또 나름 새로운 직장을 다니면서 열심히 살아왔다.

결혼과 동시에 문학을 위한 꿈은 세월 저편에 미루어 뒀지만, 항상 가슴속에는 글을 쓰고 싶은 마음이 떠나지 않았다. 시상이 떠오를 때마다 한두편 씩 써서 모아두곤 했다. 그러던 2023년 봄날, 문득 생생하게 살아갈 날이 그리 많지 않다는 생각에, 써왔던 글을《대구문학》신인

상 모집에 투고하여 당선이 되었다. 시집을 내는 것은 늦깎이 시인이 된 기쁨을 잊지 않기 위함도 있지만, 93세의 나이에도 글 읽기 좋아하시는 어머니께 작은 기쁨을 드리고 싶기 때문이라 하였다.

권미자 시인의 시집 원고를 읽으면서 먼저 떠오르는 것은 안분지족安分知足이었다. 안분지족은 노자의 도덕경에서 유래한 것으로, 자신의 처지를 있는 그대로 받아들이고 만족함을 얻는 삶을 말한다. 행복하려면, 헛된 꿈을 가지기보다 현실에 만족하고 기쁨을 즐기는 게 좋다 했던 독일 철학자 쇼펜하우어의 말을 빌리지 않더라도, 시인은 행복이 뭔지 미리 알아차리고 처지에 맞는 삶을 선택해 살아온 듯하다. 전통적 구성원으로 이루어진 3대가 사는 살림살이와, 30여 년의 직장생활을 잘 지켜왔음이 그것을 말해 주고 있다. 바쁜 생활 속에서도 꽃을 가꾸어 의미를 부여하고, 사계절을 보내며 마음의 여유를 가졌던 마당은 그녀만의 쉼터이기도 했다. 대갓집 너른 마당도 아닌, 담장에 붙어있는 좁다란 마당, 소위 살피마당이다. 그러나 시인은 그 마당에서 하얀 발자국 남겨두고 가버린 목련꽃을 아쉬워하며 꽃 지는 목련나무를 안아 보기도 하고(「목련나무를 안아보다」), 주근깨가 안 핀 것은 진짜 나리꽃이 아니라며 깜장깨 뿌리며 소나기 지나간 뒤, 어머니 닮은 참나리꽃을 들여다보기도 한다(「참나리꽃」). 비비추, 비비추 노래하듯 자라서 가녀린 꽃대 허공으로 쏘아 올리더니, 입추날 유서 쓰듯 시든 비비추의 모습을 발견하기도 한다(「비비추」).

살피건대, 검은깨를 깜장깨라고 표현한 생동감 있는 언어 감각도 돋보이지만, 모티브 대부분을 자신의 마당에서 채집하여 시로 빚었음이 보인다. 소재가 봄, 꽃, 새, 고향, 가족, 이웃 등이 주를 이루는데 유독 꽃에 대한 시가 많다. 꽃 좋아하는 사람을 진화심리학적 관점에서 보면 꽃이 사람의 생존과 관계되는 사물임을 알 수 있다. 원시 시대 유목 생활을 하던 사람들이 꽃을 발견하면 거기에는 늘 물이 있고 곡식과 열매가 있었다. 그러므로 꽃 주위에 안착하면 생존하는 데 용이했던 경험을 한 것이다. 그런 습성이 사람의 DNA에 내재되어 사람은 누구나 꽃을 좋아한다는 것이다.

그러나 그것은 어디까지나 진화론적 이야기이고, 현대에 와서도 꽃은 그 아름다운 빛깔과 모습으로 사람에게 정서적 안정을 주고, 고유의 향기로 심신 치유의 효과를 주기도 해서 존재만으로도 사람에게 행복감을 준다.

그리하여 시인도 꽃을 보며 행복에 젖고 꽃을 통해 사람을 위로하고, 사랑하는 마음을 펼치는 시를 쓴 것으로 보인다. 칠순을 넘겨 첫 시집을 내는 시인의 시에 대하여 무거운 비평 이론보다는 삶의 궤적을 둘러보며 연관해 보는 것이 더 바람직할 것 같아 시인의 가장 어린 시절이 배경인 시 한 편을 보기로 한다.

그 아이는 꽃이 되었다
아주 오래전에,

잿빛 냇물 흐르던 광산마을 모래펄은
은빛으로 눈이 부셨다

강구벌레가 지은 오목한 모래 빼꾸기 집,
파 내려가면 빼꾸기가 빼꾹, 하며 나올 것 같아
쪼그리고 앉아 한참을 놀았다

엄마는 안 오고,
등에 업힌 어린것이 자꾸 보챘다
후딱, 일어서는데 아기 허리가 뒤로 젖혀져
넘어질 뻔하였다
'이눔의 지지배'

밤부터 아기는 신열이 끓고 아팠다
아기가 뒷산에 동그마니 묻힐 때까지
그 일은 비밀이었다

봄날, 몰래 가 본 무덤에 생겨난 보라 제비꽃
아기는 가냘퍼서 제비꽃이 되었나보다

자꾸만 납작해지는 기억을 꺼내 들고
엄마를 찾아갔던 날
'아기 수명은 거기까진 게야, 니 탓이 아녀'
엄마는, 밤바다처럼 말했다

외로울 때면, 마음 저편에 웅크려 앉은
작은 아이가 보인다

비밀은 사라졌지만,
지금도 안 잊히는 일이다

—「경자」 전문

경자는 아마 시인의 동생이었던 것 같다. 어린 미자가, 아기였던 경자를 업고 탄광촌(어린 시절 시인의 부친은 탄광 사업을 했다고 함)이 있는 냇가 모래펄에서 엄마를 기다리다가 일어서는 순간, 아기 허리가 뒤로 젖혀졌다. 공교롭게도 그날 밤부터 아기는 신열이 끓고, 끝내는 사망하는 일이 일어났다. 그 후, 어린 미자는 아기의 죽음이 자기 탓인 것 같아 남몰래 가슴앓이를 많이도 하였다. 어느 봄날, 남몰래 아기 무덤을 찾아가 본다. 거기 보라색 제비꽃이 피어 있어 어린 미자는 아기가 제비꽃이 되었다고 생각한다. 여기까지 읽으면 어린아이가 감당하기 어려운 두려움이 참 아름다운 서정시를 쓰게 했다는 생각이 든다.

"외로울 때면, 마음 저편에 웅크려 앉은 / 작은 아이가 보인다"에서 시인의 마음 깊은 곳에 새겨진 트라우마를 알 수 있다. 영혼에 상처나 결핍이 없는 사람은 좀처럼 시인이 되기 어렵다는데 권미자 시인은 어릴 때 겪은 이 정신적 외상外傷이 자신을 시인이 되게 한 원천이 아니었나 싶다.

또 시인은 원래 강원도에서 태어나 낙동강 근원지인 황지에서 살다가 영주 할아버지 댁에서 초등학교를 다녔다. 그때 경험한 일을 쓴 다음 시를 보자.

무명지에 손톱반달 선명하다
사춘기 시절
열 손가락에 꽃물 들였다
찧은 꽃잎에 백반 넣고 잎으로 싸매어
한 밤 자고나니
바알갛게 꽃물 들었다

무명지 하나가 통통 부었다
몇 날 며칠 앓다가
겨우 잠들었던 밤,
생인손 손톱의 고름이 강물 속으로
시원하게 빠져나가는 꿈을 꾸었다

단잠을 자고 난 아침,

할배의 서늘한 눈빛이
내 얼굴을 쓰다듬는다
'개안나, 인자 안 아프제?'

손톱이 빠지고 새로 차오르는 동안
작은 손톱 속에도 달이 산다는 걸
그때 처음 알았다

지금은 멀쩡해진 무명지 손톱
반쪽, 그 안 보이는 손톱달 그늘 속에
고름 빨아내 주던 극진한 할배가
여전히 살아 계신다

—「생인손」 전문

이 시에는 생인손 앓는 손녀가 잠든 사이 할아버지가 손가락의 고름을 입으로 빨아 주어 낫게 해 주는 장면이 있다. "단잠을 자고 난 아침, / 할배의 서늘한 눈빛이 / 내 얼굴을 쓰다듬는다 / '개안나, 인자 안 아프제?'" 하는 손녀 사랑 지극한 할아버지가 계신다. "손톱이 빠지고 새로 차오르는 동안 / 작은 손톱 속에도 달이 산다는 걸 / 그때 처음 알았다"고, 그 달 속에는 고름 빨아주던 할배가 여전히 살아있다는 마무리로 우리는 또 한 편의 아름다운 서정시를 보는 것이다. 조부 슬하에서 아동기를 보낸 시인은 그래서 그런지 성격이 온유하고 넉넉하다.

위에서 보았듯이 권미자 시인의 시는 기교를 쓰거나 비틀기를 하지 않고, 진정에서 우러나오는 감성을 자연스럽게 표현하는 특징이 있다. 그래서 독자의 마음을 안온하고 따뜻하게 해준다.

사르륵사르륵, 첫눈이 내리면
아득히 잊혀진 이름 하나 떠오른다

푸른 바다와 붉은 단풍 노래하며
가만히 어깨를 기대었던 사람

만날 때에 헤어짐을 예견 못하고
삶의 어긋난 간극도 눈치 채지 못했다

첫눈이 내리면 만나자던 약속도
그리움으로만 남겨두었다

나풀거리며 내리는 눈송이들은
그로부터 날아온 해묵은 안부,
시린 허공의 눈발이
그때의 설렘과 기다림을 불러온다

안개 바다 지키는 등댓불처럼
그 이름 아직 서설 속에 깜박인다

첫눈 내리는 날은
어디에도 없는 그를 만나러
꼭 한 번씩, 거리를 나선다.

—「첫눈 내리는 날엔」 전문

1970년대에 대학을 다닌 사람들 중에는 위의 시처럼 첫눈 내리는 날 만나자는 약속을 아름답게 생각하는 사람들이 꽤나 있었다.

날짜를 지정하는 것이 아니라 첫눈 내리는 날이라고, 자연이 정하는 기후에 따라 만남을 가지겠다는 자체가 낭만적이고 시적이다. 시인도 젊은 시절 첫눈 내리는 날 만나자고 약속했으나 어긋나버린 연인이 있었나 보다. "나풀거리며 내리는 눈송이들은 / 그로부터 날아온 해묵은 안부,"라며, 그때의 설렘과 기다림으로 첫눈 내리는 날은 무작정 거리를 나선다는 추억이 있어, 시인은 아름다운 연시 한 편을 남겼다.

유년과 학창 시절이 끝나고 사회인이 되어서도 늘 반듯하고 품위 있게 살려고 노력하는 내면이 보이는 시가 있다.

여자들의 수다로
오후 한나절이 흐트러진다

자식 자랑 아픈 걱정에
제 팔 흔들고 사는 이야기
한바탕 풀어낸다

이마에 현기증 돋아날 때쯤
식탁 모서리에,
티슈들 하얀 가슴팍을 꾸욱
누르고 있는 공깃돌 하나

헐거워져서 삐걱대는 언사들
가만히 듣고 있다

문득, 어머니가 깻잎 콩잎 삭힐 때
위에 얹어두던 누름돌 생각난다
생것들의 펄펄함을 순하게 만들어주던 힘

그 자리에 그대로 머물렀을 뿐인데
돌은,
어떤 의미가 되었다

오늘, 잠시 헝클어졌던 내 마음도
작은 공깃돌 하나의 무게로
지그시 눌러두고 싶다

—「공깃돌 하나의 무게로」 전문

이 시의 배경은 도시 여인들의 점심 모임쯤 되겠다.

모인 여자들의 수다로 시끌한 식당에서 함께 떠들다가, 식탁 모서리에 접어놓은 티슈를 누르고 있는 작은 공깃돌을 발견한다.

그리고는 깻잎 콩잎 삭힐 때 어머니가 얹어두던 누름돌을 생각하고, 들뜬 것은 눌러야 한다는 생각에 닿아, 자신의 헝클어진 마음도 공깃돌처럼 눌러, 경거망동하거나 들뜨는 일 없이 살고자 마음 다스리려는 모습을 보여 준다. 권미자 시인의 인품이 그대로 드러나는 시이다.

겨울 끄트머리
맑은 햇살이 창밖에 논다
난초잎에 연둣빛 봄물 들었다
다소곳이 솟아난 꽃망울이 어여쁘다

30년 직장생활 축하로 내 집에 온 후
한식구로 살아간다
꽃 피면 흐뭇하고
꽃 지면 서운해져
그 꽃 다 지도록 마음이 그 자리에 머문다

너만의 향기와 자태를
설렘으로 기다리는 지금
해돌아 돌아 내게로 찾아 온
일향금 난초분 속

인연의 꽃이여

—「인연」 전문

지금도 근무하고 있는 직장에서 30년 근속 축하로 받은 난초를 귀하게 여긴다.

해돌아 돌아 다시 난초꽃이 피었을 때도, 자신에게 온 인연이라며 가까이 두는 모습에서, 또 한 번 인연을 소중히 생각하는 시인의 모습을 보게 된다. 대량 소비의 시대, 축하로 보내온 난 화분 정도를 그리 애지중지하는 것이 드문 일인데, 권미자 시인은 난초라는 그 물질보다 자신과 인연 지어진 그 연을 아끼고 소중히 생각한다는 마음이 느껴진다. 일향금이 어떤 난초인지 보고싶은 마음이 들게 한다.

아파트가 대세를 이루는 이즈음, 오래된 주택가에서 평생을 살아온 시인에게는 이웃들의 삶이 잘 보인다.

조선시대 내훈을 익히고 몸소 실천하는 듯, 늘 조용하고 부덕이 느껴지는 시인은 살피마당 화초 가꾸듯 이웃에도 관심과 애정을 가진다.

다음 시들을 보자.

마늘 캐러 올라간 옥상 텃밭에
채송화 두어 포기 뿌리 뽑혀 드러누웠다

마늘밭 채송화는 천덕꾸러기,
가녀린 목숨 데려와
살피화단에 옮겨 심었다

한 번 시들었던 생이 다시 살아나기엔
또 다른 사랑의 손이 필요해지는 것
물 주고 기다려 본다

백세를 넘긴 이산 할매 치매 병상을
농사짓는 칠순 아들 내외가
오며 가며 지켜드렸다
지치고 힘들어 요양원에 모셔두었는데
밤사이 덜컥, 먼 길 떠나가시고
아무도 배웅하지 못했다

조의 문자가 도착한 아침,
꽃분홍 채송화 활짝 피었다
아무도 알아주지 않고, 대단할 것도 없지만

채송화, 너의 마지막 가는 길은
내가 지켜봐 주마

—「작은 위로」 전문

마늘 캐러 올라간 옥상 텃밭에 채송화 두어 송이가 뽑혀져 있다. 마늘밭에 채송화는 천덕꾸러기다. 천덕꾸러기라 뽑혀 나갔지만 시인은 그것들을 거두어 살피마당에 심어 준다.

아무도 지켜보는 이 없이 밤사이 먼길 떠난 이웃 노인도 이 시대엔 천덕꾸러기, 마늘밭에서 뽑혀 나간 채송화에 비유될 수 있다. 노인의 조의 문자가 뜬 아침 꽃분홍 채송화가 활짝 핀 것을 보는 시인은 "아무도 알아주지 않고, 대단할 것도 없지만" 모든 생명은 삶과 죽음이 있고, 그 삶과 죽음은 누군가의 관심과 손길이 필요하다는 사유를 한다. 자신은 아무도 알아주지 않는 대단할 것도 없는, 생명 소외의 일에 관심을 가져야겠다는 생각을 한다.

이 시집의 표제시이기도 한 이 시는 "채송화, 너의 마지막 가는 길은 / 내가 지켜봐 주마"라는 시구를 통해 아직도 이웃 사랑이 한결같은 시인의 마음을 발견한다. 참 아름다운 모습이다. 모든 이에게 작지만 큰 위로가 될 것이다.

분홍 플록스꽃
소복소복 핀 모습 곱다
여러 해 피고 지는 끝없는 열정
꽃도, 만개하고픈 꿈 없이는 피지 못한다

지난밤, 할퀼 손톱도 없는 비바람에 시달려
부얼부얼하던 모습 대신

사랑받지 못한 어설픈 여인의 매무새다

이웃에 살던 민아 엄마
늘 술에 찌든 남편 피해
내 방으로 피신 왔다
취중에도 안팎은 가리는지 방문 앞에서
헛기침만 뿌리고 돌아갔다

비 맞은 새처럼 떨다 집에 갈 때
토닥이며 안아줬던 기억,
헝클어진 플록스꽃 한 아름 모아 여며 주는데
떨며 안기던 그녀 모습 떠오른다

플록스 꽃향이 흠뻑,
그녀와 나를 적신다

—「플록스 분홍 꽃」 전문

꽃은 아름다움을 한 줄기만 피워 들고 서 있는 게 아니라 더 넓게 번지려는 본능이 있다. 아름다움이 더 넓게 번지기를 희망하는 게 꽃이듯, 시인도 자신의 아름다운 마음이 이웃에게 번지는데 그것은 항상 꽃을 통해서이다. 플록스꽃은 분꽃을 닮은 연약한 꽃이다. 비바람에 쓰러진 꽃을 대궁째 여며주면서, 언젠가 술주정 남편 때문에 자신의 방으로 피신 왔던 민아 엄마를 생각해내고

토닥이며 안아줬던 기억을 떠올린다.

민아 엄마가 어떤 사람인지 모르겠지만, 자신이 외롭고 슬픈 일 당했을 때 따뜻이 위로해 주는 이런 큰언니 같은 분이 이웃에 있었다는 건, 작은 위로가 아니라 큰 위로였을 것이다.

모자가 사는 집
종일 집 지키는 조약돌과 화분들
햇볕에 몸 말리고 있다

남편 생전에 다투던 소리
집을 들었다 놓더니
노을빛 얼굴로 돌아온 아들,
화분을 하나씩 팽개쳤다

꽃이면 다여?
꽃이 밥을 주나 옷을 입혀주나
맨날 이누무 꽃이나 들여다보고

뾰족한 지청구에도 말없이
화분 조각을 치우는 어머니
마른 몸피가 울화에 젖어 있었다

꽃은 해마다 피고 또 피어
뿌리에서 뿜어 올린 향기, 마당을 넘실대며

고요의 집을 장식했다

이 아침,
밀짚모자 눌러쓰고 분갈이하는 저 남자
꽃을 때리며 울부짖던 그 아들 맞나,
놀란 꽃들은 입 다물었고
삐딱해졌던 마당도 아직 생생한데

화단에 앉아 골똘히 생각에 잠기거나
하염없이 꽃을 들여다보던 뒷모습

그러던 어느 날,
꽃처럼 사는 법을 배웠으리
미움이라곤 키우지 않는 꽃들의 평화에
새파랗게 날 벼리던 원망 다 버리고
그는, 꽃에게 마음을 얹었으리

—「꽃이 한 일」 전문

남편 생전에 자주 부부 싸움 하던 집, 노을빛 얼굴로 돌아온 아들마저 화분을 던지며 어머니에게 대드는 불화의 이웃집을 시인은 보게 되는데, 어느 날 그 아들이 밀짚모자 눌러쓰고 분갈이할 때, 시인은 속으로 저 아들도 꽃처럼 사는 법을 배우면 좋겠다 기원해보는 마음이 보이는 시이다.

폐기된 은행 지폐가
지천으로 널려 있다
아무도 주워 가지 않는다

무더기로 쌓인 가을 더미를
바람이 쓸어내고 있다

마대 자루 속에서 내다보는
오그라든 마음들
쓰레기로 처분될 목숨

빈 상자나 찌그러진 맥주 깡통은
다시 살아날 기회나 있지
구둣발에 짓밟혀도
신음 소리 한 번 못 내지른다

버려지는 주검들로
오후의 가로수 길, 스산하다

혼자 살던 이웃 무연고 노인
119 노오란 자루에 담겨
그 길을 지나갔다.

—「노오란 죽음」 전문

이 시는 고독사한 노인을 다루고 있다. 은행잎이 우수수 지는 날, 119가 와서 거리에 은행잎 쓸어 담듯 마대 자루에 시신을 담아 가는데, 마대 자루는 은행잎처럼 노란색이었다는 것이다.

"빈 상자나 찌그러진 맥주 깡통" 같은 것들은 "다시 살아날 기회"도 있는데, 사람의 죽은 몸은 마대 자루에 담기는 쓰레기일 뿐이란 인식으로, 이 시대 인간 소외의 현상을 짚어주며 연민의 눈길을 보낸다.

빌라 옆 쓰레기장
커다란 액자 속 한 가족이
환하게 웃고 있다

아버지의 짙은 눈썹이 금세 꿈틀거릴 듯
엄마는 넉넉한 웃음 머금고
고른 이 내보이며 아들딸이
활짝 웃고 있다

조명등 아래
사진사의 주문에 따라 '치즈, 김치' 외치며
한마음 된 순간 있었겠지

가수 김진호는 아버지가 보고싶어
엄마와 찍은 사진 사이에
아버지 명함판 사진 붙여놓고
사무친 그리움 달랬다는데

누군가에겐 가족이란 울타리가
절실한 버팀목인데

무슨 사연 있어
한마음 되었던 그 순간 잊고
쓰레기로 내다 버렸을까,

가을비 쓸쓸한 날
우산 받쳐주는 이 없어
액자 홀로, 식구들의 눈물을
조용히 닦아주고 있다

—「가족사진」 전문

어느 날은 동네 빌라 옆 비 오는 쓰레기장에 버려진 가족사진을 보고 누군가의 가정이 깨졌음을 느끼는 시이다.

시 「가족사진」은 가족을 제일로 모시며 살아온 시인에게 어떤 슬픔과 안타까움으로 다가오기에 충분했을 것이다. "가을비 쓸쓸한 날 / 우산 받쳐주는 이 없어" 액자 혼자 눈물을 닦고 있다며 안쓰러워한다.

옥상 허공을
휘—휘 내젓는
나팔꽃 덩굴손

덥썩, 잡아
당겨 올리다
미처 손잡아주지 못한
사람들

생각이 났다.

—「후회」 전문

다른 사람에 비해 배려심이 많은 그녀가, 타인을 이해하고 안아주는 심성이 있는 그녀가 그래도 “미처 손잡아주지 못한 / 사람”이 있다며, “옥상 허공을 휘—휘 내젓는 / 나팔꽃 덩굴손”을 보며, 버팀목 되어주지 못한 사람에 대한 후회를 한다. 어쩌면 그녀는 이 시대에 보기 드문 휴머니스트인지 모른다.

인간은 대개 자기에게 진정 필요한 것이 무엇인가를 아는 지혜가 없어, 잘못을 저지르게 된다고 어느 작가가 말했는데, 다음 시를 보면 권미자 시인은 미리 지혜를 지녔던 사람인 것 같다.

봄날, 도다리쑥국을 먹었다

뽀얀 국물 속에 보드레한 애쑥이 한가득이다
도톰 쫄깃한 도다리 살 떠먹으며
맛있네 시원하네 말 섞는다

바다에서만 놀던 도다리와
산기슭 어디쯤 살던 쑥이 만나
서로 살리는 맛을 내기도 한다

한 대접 도다리쑥국만도 못한 세상
산이 자꾸 불지른다

—「도다리쑥국을 먹던 날」 전문

산불이 자주 나던 어느 봄날에, 이웃들과 한 그릇 도다리쑥국을 먹으며, 전혀 다른 삶이 만나더라도 함께 어울려 서로를 살리는 맛을 내야함을 떠올린다. 조화롭지 못한 인간 세상이 시끄럽고 못마땅해서, 산도 자꾸 불을 낸다고 생각하는 시인이다. 지혜롭지 못해 극단적 개인주의로 흘러가는 현실이 안타깝다는 마음이라 시사하는 바가 크다. 70년 삶을 살아오면서, 세상을 보는 안목이 내린 결론이 아닌가 한다. 사람이 사람을 만나 상생의 기운을 주면 세상이 평화롭지 않을까 하는 의미로 읽힌다.

이 대목이 권미자 시인의 첫 시집 『작은 위로』의 주제의식으로 보인다.

그 외, 「흑백알락나비가 죽었다」 「흔적사」 등의 시에서도 남은 삶을 편안하게 받아들이려는 마음을 볼 수가 있어 숙연함이 느껴진다.

헛된 꿈을 꾸지 않는 삶을 살아온 시인은, 가족을 사랑하고 인연을 소중히 여기고, 끝내는 이웃을 연민과 사랑으로 보듬어, 살피마당에 가꿔놓은 꽃을 통하여 시로 마무리해 놓았다.

톨스토이가 저서 『사람은 무엇으로 사는가』에서 결국은 타인을 위해서 산다고 했듯이 권미자 시인도 자신보다는 타인을 위해 살아온, 인간적인 사람임을 열거한 시를 통해 알 수 있다.

오래 미뤄두었던 문학 활동이 이제 본격적으로 이루어지는 시절이 오는 것 같다.

스스로 고독해지는 길이기도 하겠지만, 그 길을 선택한 시인에게는 축복이자 느지막이 누리는 행복일 것이다.

권미자 시인의 첫 시집 『작은 위로』가 많은 사랑 받게 되기를 기원해 본다.

그루시선 110
작은 위로

초판 1쇄 발행 2024년 5월 10일

지은이 권미자
펴낸이 이은재

펴낸곳 도서출판 그루
출판등록 1983. 3. 26(제1-61호)
주소 42452 대구광역시 남구 큰골 3길 30
전화 053-253-7872
팩스 053-257-7884
전자우편 guroo@guroo.co.kr

ISBN 978-89-8069-503-4